020

おうちで京野菜
冬・春レシピ

レシピ　松浦重義
写　真　日沖桜皮

野菜づかいの職人芸

by 先斗町なごみ屋 連　松浦重義料理長

夏・秋レシピに引き続き今回もレシピを考案くださったのは、京都・先斗町「なごみ屋 連」の松浦重義料理長。よりお手軽になった冬・春バージョンをお楽しみください。

「なごみ屋 連」では、四季を通じて、旬の新鮮な京野菜を使った創作料理を味わうことができます。「野菜づかいの職人」とも言える松浦さんとスタッフによる料理を堪能すれば、本書のレシピに挑戦してみたいという気持ちが、より高揚することまちがいなし！ さあ、八百屋さんに直行？ それともまずはプロの技を味わってみますか？

【先斗町なごみ屋 連】

●京都市中京区先斗町歌舞練場下ル西側
●075（251）7878
●17：00〜25：00（LO/24：30）、
日曜は〜24：00（LO/23：30）
●無休
●http://www.kyoto-ren.jp/

※本編で紹介したメニューはお電話にてご相談ください。

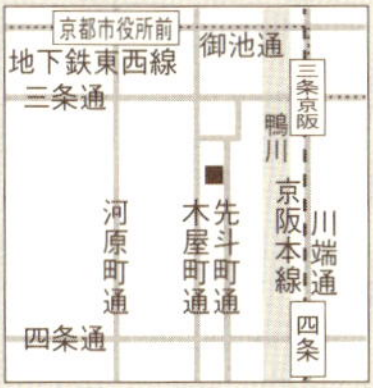

京野菜 冬春編 あれこれ

レシピに使用している京野菜の特徴をご紹介します。
購入は、デパートや青果店のほか、生産者による直売を利用するのもおすすめです。

九条ねぎ

京都で「ねぎ」といえばこの九条ねぎ。青ねぎとも呼ばれるこちらは関東の白ねぎと比べ、甘みがあって葉肉が柔らかいのが特徴です。大きく2つの系統があり、太ねぎは鍋物に、細ねぎはうどんやそばの薬味として重宝されています。

京野菜 冬春編 あれこれ

聖護院だいこん

大きくて真ん丸の形がユニークな聖護院だいこんは、甘くて苦味がほとんどありません。肉質が柔らかく、とろけるような口当たり。また、長時間煮込んでも煮崩れしないので、おでんやふろふきだいこんなど煮物にピッタリです。

聖護院かぶら

成長すれば5キロ近くにもなる聖護院かぶら。見た目は聖護院だいこんと似ていますが、楕円に近い形をしているのがこちらです。だいこんよりも甘味が強く、キメ細かな肉質。千枚漬けの原料としても知られています。

水菜

関西以外では「京菜」と呼ばれる伝統的な京野菜で、シャキシャキとした食感の良さが特徴です。肉の臭みを消す効果があることから、肉を使った鍋料理によく使われますが、最近ではサラダなど洋食の食材としてもおなじみです。

くわい

「芽が出る」という縁起物として、おせち料理に欠かせない存在のくわい。葉がクワの形に似ていることが名前の由来になったといわれています。サクサクとした固めの食感で、特有の味と香りをもっています。

京野菜 冬春編 あれこれ

堀川ごぼう

一般的なごぼうに比べ、数倍太くて重い堀川ごぼう。とっつきにくい外見ですが、香り高く、味にも柔らかさにも優れています。胴体にある空洞は、お肉など詰めものをするのに利用され、味をよくしみ込ませるのに一役買っています。

金時にんじん

金時のように赤いことから名がついたといわれる金時にんじん。その鮮やかな色を利用して、正月料理やちらし寿司を華やかに彩ります。ふつうのにんじん以上に甘味が強く柔らかいので、小さなお子さまも喜ぶおいしさです。

たけのこ

京都のたけのこは地面の下にある間に掘り採るので、皮が白くて中身が柔らかいのが特徴です。時間が経つとアクが強くなるため、朝掘りのたけのこを新鮮なうちに調理するとよいでしょう。炊き込みごはんや天ぷらがおすすめです。

花　菜

昔は切り花として栽培されていた花菜ですが、いつしかつぼみの部分が食用として親しまれるようになりました。漬け物としても好まれますが、おひたしや和えものなど、さっとゆでたあとの鮮やかな緑色に春らしさを感じます。

◎基本だしについて

市販のだし調味料も便利ですが、かつお節や昆布でだしをとることで、本格的な味わいが生まれます。また、追いがつおや差し昆布をしたり、いりこを加えることで、よりいっそう味がよくなります。

・だしの取り方

昆布はかたく絞ったふきん等で、表面を軽く拭いておきます。水1リットルを入れた鍋に20gの昆布を入れて、しばらくそのままにしておきます。火にかけて、沸騰する直前に昆布を取り出します。そのままいったん沸騰させ、鍋をコンロからはずし、１００ccの水を差して温度を下げます。削り節15gをほぐすようにして入れ、さらに１００ccの水を差します。削り節が沈んだら、ざるにペーパータオルを敷き、静かに漉します。

※温度を上げすぎるとうま味以外の雑味が出るので、差し水をして温度を下げます。

※削り節は種類や好みによって、分量を調整してください。

◎各種分量

「少々」といえば……

お鍋にパラパラと入る量。

「ひとつまみ」といえば……

人差し指と親指でつまんだ程度の量。

（「少々」の方が多くなります）

大さじ1＝15cc　小さじ1＝5cc

1／2量をはかるときは、次のようにします。計量スプーンの形にもよりますが、だいたいの目安になります。

粉

すりきり1杯を入れたのち、半量をとりのぞく

液体

深さの2/3量くらい

ここで紹介しているレシピは2人分。
人数や好みに応じて、アレンジして楽しんでください。

◎レシピページの★の数は…

★☆☆　すぐできます
★★☆　ひと手間かかります
★★★　本格的です！

という目安にしてください。

◎お酒マーク

このマークは、よくあうお酒の種類を提案しました。お酒選びの参考にご活用ください。

◎あると便利なもの

巻きす……ごはんを巻いてお寿司をつくるのが定番ですが、錦糸卵を巻いたりゆでた野菜を巻いたり、といつもの食材も巻くだけですてきな一品に早変わり。くっつきやすい食材や巻きにくいものは内側にラップをしくとスムーズにいきます。

ミキサー……ソースづくりや、たまにのムース料理に欠かせないのがこちら。手早く出来上がるうえ、和食、洋食ともに活躍する場面も多いのでぜひ常備しておきたい便利アイテム。お値段も手ごろなものが多くでています。

おうちで京野菜

冬・春レシピ

おうちで京野菜

冬・春レシピ

九条ねぎとカキのグラチネ 【★★☆】

材料

九条ねぎ（2分の1束）
生食用カキ（12粒）
バター（10g）
生クリーム（大さじ2）
プチトマト
（4分の1にカットしたもの　2個分）

Ⓐ
- 塩（ひとつまみ）
- 胡椒（少々）
- 濃口しょうゆ（小さじ3分の1）

チーズ・一味（各適量）

作り方

1　九条ねぎは3センチの長さに切っておく。
2　鍋にバターを入れ、カキをソテーする。
3　**2**に九条ねぎを入れてさらにソテーし、Ⓐで味をつける。
4　**3**に生クリームを加えて加熱し、お好みで一味を入れる。
5　耐熱皿に**4**とプチトマトをのせて、上にチーズをまぶす。
6　180℃のオーブンで約5分焼いて、焼き色をつける。

白ワインとどうぞ。

チーズに塩分があるので、
3の味つけは薄めに。

グラチネとは？

簡単にいうと、グラタン風ということ。グラチネはもともとフランス語のgratinerという動詞で、加熱して表面に焼き色をつける技法のことをいう。ちなみにグラタン（gratin）はgratinerの名詞形で、焼き色がついた部分そのものをさす。

九条ねぎとまぐろの鍋

【★☆☆】

材料

九条ねぎ（約2本）
中トロまぐろ（100g）
Ⓐ かつおだし（130cc）
Ⓐ みりん（大さじ3分の2）
Ⓐ 淡口しょうゆ（10cc）
レモン（輪切りにしたもの　2枚）

作り方

1 中トロまぐろは5ミリぐらい、九条ねぎは5～6センチに切っておく。

2 Ⓐをあわせて鍋に入れ、火にかける。

3 沸騰したら火を弱め、まぐろとねぎ（白い部分）を入れ、出来上がる直前にねぎ（青い部分）とレモンを入れる。

with　熱燗とどうぞ。

まぐろは先に霜降り（p30参照）しておくと、生ぐささがとれます。

■まぐろについて■

まぐろは刺身用を使うと手間がかからない。筋目が縦に等間隔に並んでいるものがよく、トロなら弾力のあるものが新鮮。

甘鯛のねぎ焼き

【★★☆】

材料

甘鯛の切り身（100g）
塩（適量）
九条ねぎ（刻んだもの　1本分）
しょうが
（みじん切りにしたもの　小さじ1）
柚子の皮（小さじ3分の1）

・漬けだれ

Ⓐ
- 酒（200cc）
- 濃口しょうゆ（50cc）
- みりん（50cc）

作り方

1　甘鯛の切り身はうす塩をあて、約1時間置いておく。

2　**1**の表面に水滴が出てくるので、水で洗い流し水気をふき取る。

3　Ⓐをあわせた漬けだれに九条ねぎ、しょうが、柚子の皮を入れ、そのなかに甘鯛を漬け込む（約3時間）。

4　甘鯛を取り上げた漬けだれをざるで漉し、九条ねぎ、しょうが、柚子の皮を残しておく。

5　グリルで甘鯛の両面を焼き、**4**をのせて軽く温まる程度にあぶる。

with　熱燗とどうぞ。

九条ねぎの寄せ揚げ

【★☆☆】

材料

九条ねぎ（1本）
小麦粉（大さじ3）
水（30cc）
塩（適量）

作り方

1. 九条ねぎを3ミリ幅に輪切りする。
2. ボウルに**1**と塩を入れて混ぜ合わせる。
3. **2**に小麦粉（大さじ1）をふりかけて打ち粉をする。
4. 残りの小麦粉（大さじ2）を水で溶いたものに**3**を入れて混ぜ合わせる。
5. おたまなどで一口大にとった**4**を、160℃の油でからっと揚げる。
6. お好みで塩をふりかける。

ビールとどうぞ。

油に入れたとき、
箸で真ん中の部分を
軽くほぐすかんじにすると、
むらなく揚がります。

ねぎそのまんま

【★☆☆】

材料

九条ねぎ
（できれば新芽の青い部分のみ 2〜3本）
オリーブオイル（大さじ1）
ゲランド塩（適量）
※ふつうの塩でもよい

作り方

1 九条ねぎを氷水に浸してしゃきっとさせる。

2 **1**を5〜6センチ幅に切り器に盛りつける。

3 オリーブオイルをかけ、ゲランド塩をちりばめる。

with 冷酒とどうぞ。

ゲランド塩について

フランスのブルターニュ地方にある町・ゲランド産の塩。9世紀以来、自然の力のみの伝統的な手法でつくられており、マグネシウム、カルシウム、鉄分が多く、グレーかかった色が特徴。かけ塩などに使用すると、料理の味を引き立たせおいしい。輸入食材店などで手に入れることができる。

聖護院だいこんと牛テールの煮込み 【★★★】

材料

聖護院だいこん（8分の1個）
牛テール（2切れ）
へぎしょうが（5〜6枚）
　※しょうがをスライスしたもの
塩（適量）
濃口しょうゆ（小さじ1）
いりこだしの素（小さじ1）
白髪ねぎ（適量）
黒胡椒（適量）

白髪ねぎの作り方

長さ約5センチに切った白ねぎをタテ半分に切って広げ、内側の薄皮を取り除いて細切りにし、水にさらしておく。

作り方

1 牛テールは水から沸かし、沸騰したら流水にさらす（これを2回繰り返す）。聖護院だいこんは厚めに皮をむき、食べやすい大きさに切っておく。

2 鍋に牛テールとつかるぐらいの水、へぎしょうがを入れ、途中水を足しながら柔らかくなるまで煮込み、スープで飲める位の塩加減で味をつける。最後に濃口しょうゆを入れる。

3 別の鍋に聖護院だいこんを入れ、つかるくらいの水で柔らかくなるまでゆで、いりこだしの素、**2**を入れ（スープは200cc）、約5分間煮込む。

4 塩で味をととのえたら、器に盛って白髪ねぎをのせ、お好みで黒胡椒をふりかける。

with 赤ワインとどうぞ。

牛テールについて

牛テールとは牛の尾のこと。骨ごと調理するのでうまみエキスがじわじわと出るうえ、コラーゲンもたっぷり。煮込み料理やスープ料理に向いている。

23

聖護院だいこんの揚げ出し 【★★☆】

材料

聖護院だいこん（8分の1本）
いりこだしの素（小さじ1）
淡口しょうゆ（小さじ2分の1）
・天だし
Ⓐ
かつおだし（80cc）
みりん（10cc）
淡口しょうゆ（10cc）
おろししょうが（ひとつまみ）

塩・片栗粉（各適量）
揚げ油（適量）
・薬味
一味・糸花鰹・針海苔（各適量）

作り方

1 聖護院だいこんは厚めに皮をむき一口大に切る。

2 鍋に**1**がつかるぐらいの水を入れ、柔らかくなるまでゆでる。

3 **2**にいりこだしの素を入れ、塩で味をととのえる。仕上げに淡口しょうゆを入れて、約5分弱火で煮込む。

4 鍋のまま冷ましたあと、だいこんを取り出して片栗粉をまぶし、160℃の油で揚げる。

5 **4**を器に盛り、Ⓐを沸かした天だしをかけ、仕上げに糸花鰹と針海苔を盛る。お好みで一味をふりかけてもよい。

with 熱燗とどうぞ。

聖護院だいこんもち 【★★☆】

材料

聖護院だいこん
（すりおろしたもの　200g）
切りもち（みじん切りしたもの　40g）
Ⓐ
- オイスターソース（小さじ1）
- だしの素（小さじ1）
- 片栗粉（大さじ1）
- 濃口しょうゆ（小さじ2分の1）

一味（適量）
揚げ油（適量）

作り方

1　すりおろした聖護院だいこんをざるにあけて水気を切る。

2　ボウルに**1**と切りもちを入れ、Ⓐで味つけして混ぜ合わせる。お好みで一味をいれてもよい。

3　**2**を一口で食べられるぐらいの大きさに丸め、180℃の油で揚げる。

4　器に盛って、熱いうちにいただく。

with　ビールとどうぞ。

■オイスターソース■

生カキを発酵させ、熟成したときにでるだしでつくるソース。おもに中華料理で使われるが、独特のコクと甘みやうまみがあるので、和食でも隠し味に最適。

聖護院だいこんとぶりのソテー 【★★☆】

材料

聖護院だいこん（短冊状に切ったもの 80g）
ぶりの切り身（塩・胡椒で下味をつけたもの 100g）
オリーブオイル（大さじ1）

・ソース
Ⓐ 濃口しょうゆ（大さじ1）
Ⓐ 砂糖（小さじ1）
Ⓐ 溜りじょうゆ（大さじ1）
バター（15g）

作り方

1 鍋にⒶを入れ、噴きこぼれない程度に沸かし、約1分煮詰めてソースをつくる。
2 **1**にバターを入れて溶かし、軽く沸かす。
3 熱したフライパンにオリーブオイルを入れ、ぶりの両面を焼く。
4 **3**が焼きあがる直前に、聖護院だいこんを加えてソテーする。
5 器に盛り、温めた**2**のソースをかける。

with 赤ワインとどうぞ。

ぶりの切り身は先に
うす塩をあてて10分程おき、
水にさらすと
生ぐさみがとれます。

ぶりだいこん

【★★☆】

材料

ぶり（幅1センチ、長さ10センチに切ったもの　100g）
聖護院だいこん（幅10センチ、長さ30センチの桂むきにしたもの）
かんぴょう（適量）

Ⓐ
- 水（1l）
- 濃口しょうゆ（100ml）
- 溜りじょうゆ（30ml）
- みりん（50ml）
- だしの素（小さじ1）
- 砂糖（30g）

白髪ねぎ（適量）

作り方

1　ぶりを霜降りする（下記参照）。

2　**1**を聖護院だいこんで巻き、その上をかんぴょうで結ぶ。

3　Ⓐのだしをあわせて鍋に入れ、**2**も加え、キッチンペーパーなどで落し蓋をして煮込む（弱火で30分）。

4　食べやすい大きさに切って器に盛りつけ、飾りに白髪ねぎをのせる。

一晩寝かせると、
味がしみてより一層
おいしくなります。

熱燗とどうぞ。

■霜降りについて■

素材の表面が白くなる程度にざっと湯をかけたり湯通しすることを霜降りという。生ぐさみやぬめりがとれ、表面がかたまるのでうまみがなかにとどまる。霜降りをした際はなかに火が通りすぎないようにすぐ冷水につけ、冷めたらすばやく取り出す。

鯛かぶら

【★★★】

材料

鯛の切り身（40g×2）
聖護院かぶら（8分の1個）
水（500cc）
昆布（5センチ角に切ったもの　1枚）
塩（小さじ2分の1）
いりこだしの素（小さじ1）
淡口しょうゆ（2滴）
かつおだし（250cc）

Ⓐ
- 塩（小さじ2分の1）
- 酒（小さじ3分の1）
- 淡口しょうゆ（小さじ3分の1）

水菜（1束）
針柚子（適量）
黒七味（適量）

作り方

1　鯛は焼いておく。

2　聖護院かぶらは厚めに皮をむいて一口大に切り、鍋につかるぐらいの水を入れて柔らかくなるまでゆでておく。

3　別の鍋に水と昆布を入れて火にかける。沸騰したら昆布を引き上げ、塩といりこだしの素、**2**を入れ弱火で20～30分コトコト煮込む。仕上げに淡口しょうゆをたらす。

4　かつおだしに、**3**のだし汁（200cc）をあわせ、Ⓐとともに鍋に入れ、**3**のかぶらと煮あわせる。

5　**4**と焼いた鯛を盛り、上に水菜と針柚子をのせる。お好みで黒七味をふりかけてもよい。

3でかぶらを煮込むときは、くずれやすいので気をつけて。

with　熱燗とどうぞ。

かぶら蒸し

【★★☆】

材料

聖護院かぶら（厚めに皮をむき、すりおろしたもの　50g×2）
ゆで銀杏（4個）
きくらげ（千切りにしたもの　1枚分）
にんじん（千切りにしたもの　10g）
甘鯛切り身（10g×2）
塩（少々）
卵白（ガーゼで漉したもの　1個分）

・銀あん

Ⓐ
- かつおだし（360cc）
- 塩（小さじ2分の1）
- 砂糖（小さじ2分の1）
- 淡口しょうゆ（小さじ2分の1）

水溶き葛粉
（葛粉10gを水10gで溶いたもの）
わさび（適量）

作り方

1　すりおろした聖護院かぶらを軽くしぼり、塩で下味をつける。

2　**1**と銀杏、きくらげ、にんじん、卵白を混ぜ合わせる。

3　深めの器2つに甘鯛を入れ、その上に2等分した**2**をそれぞれにこんもりとのせる。

4　**3**にラップをかけて蒸し器に入れ、強火で約10分蒸す。

5　Ⓐを鍋に入れて火にかけ、沸騰したら水溶き葛粉を入れて銀あんをつくる。

6　蒸しあがった**4**に**5**をかけ、わさびをのせる。

かぶらは料理する直前に
おろしてください。
時間がたつとアクが
まわり黒くなります。

冷酒とどうぞ。

ゆで銀杏

市販の缶詰などがある。生でカラつきの場合は、なかの実をつぶさないようにカラをむく。薄皮がついているが熱湯に入れるときれいにはがれ落ちるので、そのまま数分ゆでる。

聖護院かぶらのグラタン 【★★☆】

材料

聖護院かぶら（皮をむいたもの　400g）
バター（10g）
生クリーム（280cc）
牛乳（280cc）
たらの白子（湯通ししたもの　60g）
Ⓐ 塩（小さじ3分の2）
　 胡椒（少々）
　 淡口しょうゆ（小さじ3分の1）
チーズ（適量）

作り方

1　鍋にバターと、一口大にカットした聖護院かぶらを入れて軽くソテーする。

2　**1**に生クリーム、牛乳を加えて加熱する。

3　**2**にたらの白子を入れⒶで味をつける。

4　聖護院かぶらに金串がすっと通るぐらいになったら、**3**を耐熱皿に盛ってチーズをのせ、180～200℃のオーブンで表面に焼き色をつける（約5分）。

白ワインとどうぞ。

たらの白子

白色でうねったひだがあるので、京都では「くもこ」と呼ばれるのが一般的。透明感があり、身のしっかりしているものが新鮮。軽くさわったときにかたくて弾力のあるものを選ぶとよい。なお、調理するときには、鮮度がよければそのままでもよいが、一口大に切り分けて2%の塩水に20分程つけてから水にさらすと、くさみがとれる。

聖護院かぶらと ホタルイカのクリーム煮

【★★☆】

材料

聖護院かぶら（8分の1個）
ホタルイカ（ボイルしたもの　8匹）
ブロッコリー（10g）
ベーコン（15g）
しめじ（5g）
生クリーム（200cc）
バター（10g）
塩（小さじ3分の1）
濃口しょうゆ（2滴）
フランスパン（お好みで）

作り方

1 聖護院かぶらは厚めに皮をむき、一口大に切る。

2 鍋にバターを入れ、ベーコンと**1**を炒める。

3 **2**にしめじと生クリームを入れ、かぶらが柔らかくなったら塩と濃口しょうゆを入れて味をととのえる。

4 出来上がる直前にホタルイカとブロッコリーを入れてひとたちさせ、火を止める。

5 カリッと焼いたフランスパンの上に盛りつける。

with 白ワインとどうぞ。

ホタルイカの下処理について

食べたときに口のなかに残るので、ピンセットで左右の目と正面の口ばしと背中のすじをていねいに取り除く。生のものはゆでたあとに処理したほうがきれいにとれやすい。

〆さばの聖護院かぶら巻き　【★☆☆】

材料

聖護院かぶら（4分の1の大きさを1ミリ幅に切ったもの　6枚）

〆さば（6切れ）　※市販のものでよい

・甘酢

Ⓐ
- 水（270cc）
- 酢（100cc）
- 砂糖（70g）
- さし昆布（2センチ角のもの　1枚）

・かけ酢

かつおだし7：砂糖1：淡口しょうゆ1：酢1をあわせ、ひとたちさせたもの

しょうがのしぼり汁（適量）

糸花鰹（適量）

作り方

1　聖護院かぶらを2%の塩水（分量外）に漬け、しんなりしたら水でさっと洗う。水気をよくふき取り、Ⓐをあわせた甘酢に1日漬ける。

2　〆さばを**1**で巻き、かけ酢をかける。

3　お好みでしょうがのしぼり汁、糸花鰹をふりかける。

with　冷酒とどうぞ。

水菜とお揚げさんの
おばんざいオムレツ

【★★☆】

材料

水菜（60g）
お揚げさん（千切りにしたもの　15g）
油（小さじ2分の1）

Ⓐ
- かつおだし（大さじ1）
- 塩（ひとつまみ）
- 淡口しょうゆ（2滴）

卵（6個）
塩（ひとつまみ）

・銀あん

Ⓑ
- かつおだし（360cc）
- 塩（小さじ3分の1）
- 淡口しょうゆ（小さじ1）
- 砂糖（ふたつまみ）
- 水（10cc）

水溶き葛粉（葛粉10gを水10gで溶いたもの　適量）
黒七味（適量）

作り方

1　水菜は3センチに切っておく。
2　鍋に油をひき、水菜とお揚げさんをさっと炒める。
3　**2**にⒶを入れて味をつける。
4　ボウルに卵と塩を入れて混ぜる。
5　フライパンで、**3**を**4**で包みこむようにしてオムレツをつくる。
6　Ⓑをあわせて火にかけ、沸騰したら水溶き葛粉を入れて銀あんをつくる。
7　器に盛った**5**に**6**をかけ、お好みで黒七味をふりかける。

with　ビールとどうぞ。

オムレツを上手に焼くコツ

強火でフライパンをしっかり熱するのがポイント。溶き卵を入れたら中火にして手早く混ぜながら形をととのえていく。

水菜のしば漬けあん

【★☆☆】

材料

水菜（30g）
しば漬け（刻んだもの　16g）
小麦粉（打ち粉用　適量）
天ぷら液

Ⓐ
- 小麦粉（50g）
- 水（50cc）
- 卵白（卵1個分）

・あん

Ⓑ
- かつおだし（300cc）
- 塩（小さじ3分の1）
- 淡口しょうゆ（大さじ2分の1）
- 濃口しょうゆ（小さじ4分の1）
- 砂糖（ふたつまみ）

水溶き葛粉（葛粉10gを水20gで溶いたもの）

揚げ油（適量）

作り方

1　水菜は2センチに切る。

2　**1**に打ち粉をし、Ⓐをあわせた天ぷら液をつけて揚げる。

3　鍋にⒷを入れ、沸騰したら全体をかき混ぜながら水溶き葛粉を流し入れる。

4　**3**のあんにしば漬けを入れ、**2**にまわしかける。

with　ビールとどうぞ。

しば漬けについて

きゅうりやなす、みょうがなどをしそで漬け込んだ京都の代表的なお漬物。赤しばで漬けるのが一般的だが、青しば漬け、白しば漬けなどもある。そのままでも十分おいしいが、酸味が強いので料理に混ぜたり加えたりすると味にアクセントがつく。

水菜と豚トロのガーリックソテー 【★☆☆】

材料

豚トロ（100g）
水菜（40g）
タカのつめ（輪切りにしたもの　1本分）
オリーブオイル（小さじ2）
にんにく（すりおろしたもの　小さじ2）

Ⓐ
- 塩（小さじ2分の1）
- 濃口しょうゆ（小さじ4分の1）
- だしの素（ふたつまみ）

作り方

1. 水菜はくきを2センチ、葉を5センチに切っておく。
2. フライパンにオリーブオイルを入れ、豚トロの両面を焼く。
3. 火が通ったらにんにく、タカのつめ、**1**を入れて軽く混ぜたあと、Ⓐを入れる。
4. 器に盛りつけて完成。

with 赤ワインとどうぞ。

豚トロはしっかり火を通し、水菜はさっと炒めるのがポイント。

水菜とカニのおひたし

【★☆☆】

材料

水菜（20g）
カニのむき身（10g）
水（大さじ1）
だしの素（小さじ1）
塩（ひとつまみ）
淡口しょうゆ（小さじ3分の1）
針しょうが（適量）

作り方

1 水菜は3センチに切っておく。

2 鍋に水、だしの素、水菜のくきの部分、カニのむき身を入れて火にかける。

3 沸いてきたら塩、淡口しょうゆ、針しょうがを入れ、沸騰する直前に水菜の葉の部分を入れる。軽く混ぜ、ふたたび沸いたら出来上がり。

with 冷酒とどうぞ。

おひたしを冷たくしていただくとき

出来上がったら鍋底を氷にあてながら軽く混ぜる。このようにしてあら熱をとると水菜の色がとばず、きれいな緑色が保たれる。

49

水菜とカニの錦糸巻き 【★★☆】

材料

錦糸卵（卵1個分を薄焼きにしたもの2〜3枚）
水菜（30g）
かぶら（幅10センチ、長さ20センチに桂むきしたもの）
カニむき身（30g）
・甘酢
Ⓐ
- 水（270cc）
- 酢（100cc）
- 砂糖（70g）
- 淡口しょうゆ（1滴）

・かけ酢
Ⓑ
- かつおだし（大さじ4）
- 砂糖（大さじ2分の1）
- 淡口しょうゆ（大さじ2分の1）
- 酢（大さじ2分の1）

針しょうが（適量）

［用意するもの］巻きす

作り方

1 桂むきにしたかぶらを2%の塩水（分量外）につけ、しんなりしたら水でさっと洗って水気をふき取り、Ⓐをひとたちさせて冷ました甘酢に一晩ほどつけておく。

2 水菜をボイルし氷水におとしたあと、よくしぼって水気を切る。

3 錦糸卵に**2**をひろげ、カニを中心にして巻きすで軽く巻く。

4 **1**のかぶらの水分をよくふき取り、**3**を上から巻く。

5 **4**を一口大の長さに切って器に盛りつけ、Ⓑをあわせたかけ酢をかける。

6 上に針しょうがを盛りつける。

with 白ワインとどうぞ。

水菜と生ハムの巻き巻きサラダ 【★★☆】

材料

水菜（40g）
生ハム（30g）
オリーブオイル（小さじ1）
マヨネーズ（適量）
粗挽き黒胡椒（適量）

［用意するもの］巻きす

作り方

1 半量の水菜（20g）をボイルし、氷水にひたしたあと、よくしぼって水気を切る。

2 巻きすにラップをしき、**1**を広げて半量の生ハムを中心にして巻く。

3 同じように巻きすにラップをしき、残りの生ハムを広げ、ボイルしていない水菜（20g）を中心にして巻く。

4 **2**と**3**を一口大に切り、ラップをはがして盛りつける。

5 オリーブオイルをふりかけ、お好みでマヨネーズ、粗挽き黒胡椒をかける。

with 赤ワインとどうぞ。

くわいのカレー煮

【★★☆】

材料

くわい（5個）
水（1500cc）
だしの素（小さじ1）

A
- 米ぬか（大さじ1）
- 塩（ひとつまみ）
- 酢（小さじ1）

B
- 塩（小さじ2分の1）
- 淡口しょうゆ（小さじ1）
- 濃口しょうゆ（小さじ4分の1）
- 砂糖（ふたつまみ）
- カレー粉（小さじ2）

作り方

1 くわいの先を落とし、六角形になるよう六方にむいて水にさらす。

2 水（1000cc）にⒶを入れて**1**を加え、くわいに串が通るまでゆでる。

3 **2**を少量の水でさらし、冷めたらぬか抜きのためにもう一度水（分量外）からゆでてふたたび水にさらす。

4 水（500cc）とだしの素を入れた鍋に**3**を移して火にかけ、沸騰したら弱火にしてⒷを入れ、20〜30分煮込む。

5 冷蔵庫で1晩寝かせていただく。

WITH ビールとどうぞ。

くわいせんべい

【★☆☆】

材料

くわい（5個）
塩（適量）
揚げ油（適量）

作り方

1 くわいの天地を落とし、六角形になるよう六方にむき水にさらす。

2 **1**を1ミリ幅の輪切りにし、もう一度よく水にさらす。

3 **2**を布巾などに重ならないように広げ、上からも布巾をかけて水分をよくふき取る。

4 160℃の油でからっと揚げる。

5 天紙などに広げて熱いうちに塩をふりかける。

ビールとどうぞ。

泡が出なくなるまで
しっかり揚げると
さくっとします。

57

堀川ごぼうのしょうが天ぷら 【★★☆】

材料

堀川ごぼう（10センチに切ったもの2本）
魚のすり身（200g）
紅しょうが（みじん切りにしたもの20g）
水（600cc）
だしの素（小さじ1）

Ⓐ
- 塩（小さじ1）
- 淡口しょうゆ（小さじ2）
- 砂糖（ひとつまみ）

揚げ油（適量）

作り方

1 堀川ごぼうは下処理をする（下記参照）。このとき、くり抜いた芯は元に戻しておく。

2 魚のすり身に紅しょうがを合わせたもので**1**をくるみ、180℃の油で揚げる。

3 鍋に水とだしの素を入れ、沸騰したら火を弱めてⒶを加える。

4 **3**に**2**を入れて約20分コトコト煮込む。

5 ごぼうの両端を落として芯を抜いたらお好みの大きさに切り分ける。

with 焼酎・熱燗とどうぞ。

■堀川ごぼうの下処理について■

堀川ごぼうを鍋に入れ、つかるぐらいの水でゆでる。火が通ったら水にさらし、冷めたら芯の部分に金串を入れ、ぐるっと一周させて芯をくり抜く。

堀川ごぼうの射込みコロッケ　【★★★】

材料

- 堀川ごぼう（10センチに切ったもの2本）
- じゃがいも（250g）
- にんじん（10g）
- 水（700cc）
- 牛ミンチ（40g）
- たまねぎ（みじん切りしたもの　30g）
- 油（小さじ1）

Ⓐ
- 砂糖（小さじ2）
- 濃口しょうゆ（小さじ2）
- 一味（少々）

Ⓑ
- 砂糖（小さじ1）
- 濃口しょうゆ（小さじ1）
- だしの素（小さじ1）
- しょうが（すりおろしたもの 適量）

溶き卵・小麦粉（打ち粉用）・パン粉・揚げ油（各適量）

作り方

1　堀川ごぼうは下処理をする（p58参照）。

2　鍋に**1**と水（600cc）、だしの素を入れて約20分ゆでたあと、よく冷ます。ゆでたごぼうを適量取り出し、粗くみじん切りしておく。同じようににんじんもゆでて粗くみじん切りしておく。

3　フライパンに油をひいて牛ミンチとたまねぎを炒め、Ⓐで味つけをし、水（100cc）を加える。水の量が3分の2ぐらいになったら火を止める。

4　じゃがいもはラップでつつんで4〜5分電子レンジにかけ、串を刺してすっと通るくらいになったら皮をむき、熱いうちにつぶす。

5　**4**に**2**でみじん切りしたごぼうとにんじん、**3**、Ⓑを加えて混ぜ合わせる。

6　**2**で残っているごぼうの水気をしっかりふき、芯を抜いた部分に**5**を射込む。

7　**6**に打ち粉をし、溶き卵にまぶしてからパン粉をつけ、170℃の油で揚げる。一口大に切って出来上がり。

with　ビールとどうぞ。

堀川ごぼうと葛きりのアーリオ・オーリオ

【★☆☆】

材料

堀川ごぼう（150g）
葛きり（90g）
にんにく（すりおろしたもの　適量）
タカのつめ（1本）
オリーブオイル（大さじ2）
濃口しょうゆ（作り方参照）
塩（ひとつまみ）
だしの素（小さじ1）

作り方

1 堀川ごぼうは下処理をし（p58参照）、2ミリぐらいの輪切りにする。濃口しょうゆ（大さじ1）と塩とともにフライパンでソテーする。

2 大きめの鍋にたっぷりの水で葛きりをゆで、ざるにあけて水気を切る。

3 フライパンにオリーブオイル、にんにく、タカのつめを入れて火にかけ、香りをだす。

4 **3**に**2**を入れて軽くソテーし、**1**も加え、仕上げに濃口しょうゆ（少々）とだしの素で味をととのえる。

with 白ワインとどうぞ。

アーリオ・オーリオとは？

にんにくのオイルソースのこと。アーリオ（alio）はにんにく、オーリオ（olio）はオイル（オリーブオイル）をさす。パスタでは定番の味。

金時にんじんのシューマイ（10個分） 【★★☆】

材料

金時にんじん（20g）
シューマイの皮（8枚）
イカのすり身（100g）
ゆかり（5g）
揚げ油（適量）
酢じょうゆ（適量）
塩（適量）

作り方

1 金時にんじんとシューマイの皮6枚を細切りにしてあわせる。

2 イカのすり身にゆかりをあわせて混ぜる。

3 10等分にした**2**を、同じく10等分にした**1**でくるんで10個のシューマイをつくり、蒸し器で7〜8分蒸す。

4 残った2枚のシューマイの皮は適当な大きさに切り、180℃の油でこんがりと素揚げしておく。

5 **3**、**4**を器に盛り、酢じょうゆや塩でいただく。

with 焼酎とどうぞ。

イカのすり身

イカを解体して、フードプロセッサーで細かくしたもの。イカは下処理に手間がかかるので市販のロールイカを使うと簡単。片栗粉や卵を混ぜてかたさを調節する。

白身魚のソテー 金時にんじんソースかけ

【★☆☆】

材料

白身魚（塩・胡椒で下味をつけたもの80g）
オリーブオイル（小さじ1）
・ソース
　金時にんじん（60g）
　生クリーム（小さじ1）

Ⓐ
- 塩（ひとつまみ）
- 胡椒（少々）
- 淡口しょうゆ（小さじ2分の1）

作り方

1 金時にんじんは皮をむいて適当な大きさに切る。

2 **1**を鍋に入れ、たっぷりの水で柔らかくなるまでゆでる。

3 水を切った**2**と生クリームをミキサーに入れてまわす。

4 ピューレ状になった**3**を鍋に移し、Ⓐで味をつける。

5 フライパンにオリーブオイルを入れて白身魚をソテーし、火が通ったら器に盛って**4**のソースをかける。

with 白ワインとどうぞ。

■白身魚について■

たら、たい、すずき、ひらめ、かれいなどお好みの魚で。多くが一年中出回っているので、手に入りやすく値段も手ごろなものが見つかる。脂肪分が少なく淡白な味で、骨からもはずしやすいので調理しやすく、レモンやハーブなど香りのあるものと相性がよい。

金時にんじんのサラダ風　【★☆☆】

材料

- 金時にんじん（15g）
- だいこん（15g）
- 鶏胸肉（40g）
- 酒（大さじ3）
- 塩（ひとつまみ）

Ⓐ
- マヨネーズ（大さじ3）
- 砂糖（ふたつまみ）
- 塩（ひとつまみ）
- 濃口しょうゆ（小さじ1）
- わさび（適量）

作り方

1　金時にんじんとだいこんをともに桂むきにし、1ミリ幅に切る。水からボイルして柔らかくなったら水にさらす。

2　耐熱容器に鶏胸肉、酒、塩を入れてラップをし、電子レンジに4〜5分かける。冷めたら細めにむしる。

3　Ⓐをあわせてよく混ぜ合わせる。

4　**1**の水分をよくふき取り、**2**とともに**3**で和える。

with　ビールとどうぞ。

金時にんじんのムース 【★★☆】

材料

・ムース
- 金時にんじん（120g）
- 生クリーム（50cc）
- 卵（1個）
- 塩（ひとつまみ）
- 淡口しょうゆ（小さじ4分の1）

・銀あん
- Ⓐ かつおだし（360cc）
- Ⓐ 塩（小さじ3分の2）
- Ⓐ 淡口しょうゆ（小さじ1）
- Ⓐ 砂糖（小さじ2分の1）
- 水溶き葛粉（葛粉10gを水10gで溶いたもの）

バター（適量）

［用意するもの］80ccのカップ

作り方

1 金時にんじんは皮をむいて適当な大きさに切って鍋に入れ、柔らかくなるまでゆでる。

2 水気を切った**1**と生クリーム、卵をミキサーにかけ、塩と淡口しょうゆで味つけする。

3 80ccのカップにバターを塗って**2**を流し入れ、蒸し器で蒸す（弱火で15〜20分）。

4 Ⓐをあわせて火にかけ、沸騰したら水溶き葛粉を入れて銀あんをつくる。

5 **3**を器に盛り、上から**4**をかける。

with 白ワインとどうぞ。

ムースは茶碗蒸しをするときと同じように、火加減に気をつけて。

たけのこごはん 【★☆☆】

材料

たけのこ（300g）
米（研いだもの　1合）
うすあげ（細切りにしたもの　30g）

Ⓐ
- かつおだし（190cc）
- 塩（ひとつまみ）
- 淡口しょうゆ（小さじ3分の1）

作り方

1　たけのこは下処理をする（下記参照）。

〈たけのこを煮る〉
【材料】かつおだし600cc／かつお節（適量）／塩・淡口しょうゆ（各少々）
【作り方】
1　かつおだしに下処理をしたたけのこを入れて火にかけ、沸騰したらかつお節をリードペーパーにつつんで追いがつおをする。
2　1に塩を加えて約20分コトコト煮込み、淡口しょうゆを入れてさらに5分煮込む。
※追いがつおとは、かつおのうまみをより引き出すための料理法。木綿布やリードペーパーにつつんで落し蓋をするようにおおいかぶせたり、わきに入れて煮出すこと。

2　炊飯器に米、たけのこ、うすあげ、Ⓐを入れて炊く。

ビールとどうぞ。

■たけのこの下処理について■

<材料>たかのつめ（1本）／米ぬか（50cc）
1　たけのこの先の部分をななめに約1センチ切り落とす。
2　鍋にたけのこを入れ、つかるぐらいの水とたかのつめ、米ぬかを加え、落し蓋をして火にかける。
3　沸騰したら弱火にしてたけのこに串が通るぐらいまでコトコト煮込む。
4　涼しいところで自然に冷ましたあと、たけのこについた米ぬかを洗い流しながら皮をむく。
5　タテ半分に切ったたけのこをふたたび鍋に入れ、たっぷりの水でもう一度沸かしてぬかを抜く。

たけのこのチーズ焼き

【★☆☆】

材料

たけのこ（300g）
カマンベールチーズ
（スライスしたもの　40g）
黒七味（適量）

作り方

1　たけのこは下処理をして煮ておく（p72参照）。

2　**1**を食べやすい大きさに切り、耐熱皿にのせる。

3　**2**の上にカマンベールチーズをのせて、180℃のオーブンで約5分焼く。

4　**3**のチーズが溶けたら器に盛り、お好みで黒七味をふりかける。

with　赤ワインとどうぞ。

■木の芽和え■

たけのこの木の芽和えは簡単にできて季節感あふれるひとしな。
田楽味噌の白（大さじ2）とみじん切りにした木の芽（適量）を混ぜ合わせる。そこに下処理をして煮たたけのこを適当な大きさに切って和えたら出来上がり。

若竹煮　鯛の子の旨煮添え　【★★★】

材料

・鯛の子の旨煮

鯛の子（40g）

塩（適量）

Ⓐ
- かつおだし（500cc）
- 砂糖（大さじ1）
- 淡口しょうゆ（小さじ1）
- へぎしょうが（4枚）

・若竹煮

たけのこ（300g）

わかめ（5g）

糸花鰹（適量）

木の芽（適量）

作り方

1　たけのこは下処理をして煮ておく（p72参照）。

2　鯛の子はひとはらを約2センチに輪切りし、皮を内に入れて身を外にかえす。

3　**2**にうす塩をあてて20分ほど置いてくさみを抜く。

4　鍋に**3**がつかるほどの水を入れて火にかけ、沸騰したら火を弱めて**3**を霜降りし（p30参照）、氷水におとす。

5　別の鍋にⒶを入れて沸かし、**4**を加えて弱火で20～30分コトコト煮込む。

7　**1**でたけのこを煮ただし3に対し、**5**のだし0.5を鍋に入れて沸かし、色だししたわかめ、たけのこ、鯛の子を加えてひとたちさせる。

8　**7**を器に盛り、お好みで糸花鰹、木の芽をのせる。

with　焼酎とどうぞ。

さわらのソテー 花菜ソースかけ　【★★☆】

材料

さわらの切り身
（塩・胡椒で下味をつけたもの　80g）
プチトマト
（4分の1にカットしたもの　2個分）
花菜（添え用　4本）
オリーブオイル（小さじ1）

・花菜ソース
花菜（6本）
かつおだし（35cc）
バター（20g）
Ⓐ
- 生クリーム（小さじ1）
- 塩（ひとつまみ）
- 淡口しょうゆ（小さじ4分の1）

作り方

1　花菜（ソース用6本）を水洗いし、みじん切りにする。

2　鍋にバターと**1**を入れてソテーする。

3　花菜がしんなりしたらかつおだしを入れる。沸騰したらⒶを加える。

4　**3**をミキサーにかけてペースト状にする。

5　熱したフライパンにオリーブオイルを入れてさわらを焼く。焼きあがる直前に添え用の花菜をさわらの横で軽くソテーする。

6　**5**を器に盛って**4**をかけ、プチトマトをちらす。

with　白ワインとどうぞ。

花菜のクロックムッシュ 【★☆☆】

材料

食パン（6枚切り　4枚）
スライスチーズ（2枚）
生ハム（3枚）
花菜（葉の部分　50g）

作り方

1 花菜は下処理をしておく（p82参照）。

2 食パンにスライスチーズ、生ハム、花菜、生ハム、スライスチーズの順にのせ、最後に食パンをもう1枚のせる（サンドイッチをつくるように）。これを2つつくる。

3 180℃のオーブンで約5分焼き、表面に焼き色をつける。

4 好みの大きさにカットして器に盛りつける。

赤ワインとどうぞ。

■クロックムッシュとは？■

フランス発祥のサンドイッチ。あたたかいうちに食べるもので、チーズがとろりとしたところをいただく。なかに牛舌のスライスをはさんだものはクロックマダムと呼ばれる。

花菜の鯛巻き天ぷら 【★★☆】

材料

鯛の薄切り（20g×4切れ）
花菜（3本1束×4）
塩（適量）
小麦粉（打ち粉用　適量）

・天ぷら液
Ⓐ
- 小麦粉（50g）
- 水（50cc）
- 卵白（卵1個分）

揚げ油（適量）
・ゆかり塩
ゆかり（すり鉢ですったもの）2：味の素2：塩10をあわせておく

作り方

1 花菜は下処理をしておく（下記参照）。

2 鯛にうす塩をあてて打ち粉をし、**1**を巻いてつまようじでとめる。これを4つつくる。

3 Ⓐをあわせて天ぷら液をつくり、**2**を約170℃の油で揚げる。

4 器に盛ってゆかり塩を添える。

焼酎・ビールとどうぞ。

■花菜の下処理について■

花菜はあく、えぐみが強いのでしっかりゆでることが重要。
氷水につけてしゃきっとさせたあと、1%の塩水をつくって火にかける。沸騰したら葉の部分とじくの部分を別々にゆで、水によくさらす。

花菜のからし和え 【★☆☆】

材料

花菜（ひとにぎり）

・漬け汁

❹
- かつおだし（180cc）
- 淡口しょうゆ（小さじ3分の1）
- 濃口しょうゆ（小さじ3分の1）
- 砂糖（ふたつまみ）

からし（適量）

作り方

1 花菜は下処理をし（p82参照）、よくしぼる。

2 ❹をあわせた漬け汁にからしを加え**1**を漬け込む（約10分）。

3 器に盛りつけて完成。

with 熱燗とどうぞ。

■からし■

からしには大きくわけて和からし（オリエンタルマスタード）と洋からし（イエローマスタード）がある。和からしは粒が小さく色も濃いめで辛味が強く、洋からしは粒が大きく色も薄めで辛味は弱い。本からしなどと書かれたものはふたつをブレンドしたもので、一番使いやすい。

花菜の白和え

【★☆☆】

材料

花菜（100g）
豆腐（4分の1丁）

Ⓐ
- すりごま（小さじ1）
- 砂糖（ふたつまみ）
- 淡口しょうゆ（大さじ1）
- 濃口しょうゆ（小さじ2分の1）
- 味噌（10g）

作り方

1 花菜は下処理をし（p82参照）、よくしぼる。

2 豆腐をガーゼなどでくるみ、重石をかけて冷蔵庫で水切りをする（約30分）。

3 **2**をすり鉢ですり、Ⓐも一緒によくすりあわせる。

4 **1**を**3**で和える。

with 冷酒・白ワインとどうぞ。

あとで
まとまりにくくなるので、
豆腐の水切りは
しっかりと！

ポケットに京都ひとつ
らくたび文庫　No.020
おうちで京野菜 冬・春レシピ

2007年11月26日　初版発行

発行所　株式会社コトコト
〒600-8119
京都市下京区河原町五条南西角 昭栄ビル4F
TEL 075-342-3711
FAX 075-352-3133
http://www.koto-koto.co.jp

編集・制作
株式会社 桜風舎
TEL 075-361-8616
http://www.ofusha.co.jp

株式会社 らくたび
TEL 075-352-0163
http://www.rakutabi.com

印刷　カミヨ株式会社
製本　新生製本株式会社

協力　先斗町なごみ屋 連
撮影　日沖桜皮
デザイン　溝脇恵里子